Je me nomme Agnès, j'ai 45 ans. Je ne me prétends pas poète mais j'aime faire rimer les mots. C'est pourquoi j'ai écrit ces poèmes.

Ce livre est pour les enfants, ou les adultes qui ont gardé une âme d'enfants et qui aiment encore croire aux fées et aux autres êtres féeriques.

« Un rêve sans fée est un rêve sans magie »

Agnès .C

Agnès .C

Poèmes

Fées, elfes et lutins…

Où se cachent-ils et que font-ils ?

ISBN : **9782322102853**

L'elfe poissonnier

L'elfe poissonnier

Qu'il est beau mon saumon

Qu'elle est belle mon anguille !

Dit l'elfe poissonnier en montrant ses poissons

A toutes les jolies filles.

Elles viennent lui acheter

Quelques grammes de crevettes

Des oursins, des fruits de mer, des crustacés

Pour mettre ce soir dans leurs assiettes.

Il est bien frais votre saumon

Lui dit sa voisine à la charcuterie,

Il a l'œil si vif et il sent si bon,

Que je le mangerais volontiers en sushi.

Quelques petites rascasses

Feront honneur sur ma table

Mais il faut que je les débarrasse

De leurs arêtes inévitables.

Le poissonnier courant à gauche, à droite,
Prend les commandes de ses clientes,
Prépare les filets d'une main adroite,
Tout en récitant des recettes alléchantes.

Ces dames repartent souriantes et ravies,
Remerciant l'elfe qui bombe le torse, fier,
Elles savent que ce soir leur petit mari,
Se régaleront de ces produits de la mer.

Le lendemain se réveillant de bonne heure,
Il part aussitôt à la criée,
Acheter les poissons charmeurs
Pour les vendre toute la journée.

Quand viendra son jour de repos,
Il ira voir sa fiancée
Il lui dira de jolis mots
Tout doucement, sans hurler.

Il garde sa grosse voix pour ses clientes

Elles aiment entendre ce ténor des marchés,

Pour cela elles sont patientes

Et font la queue sans s'énerver.

Et quand vient enfin leur tour,

Elles choisissent leurs poissons

Qu'il prépare gentiment avec amour,

Ils finiront alors dans leur sac à provision.

La fée de la cuisine

La fée de la cuisine

Rangez les œufs et les ustensiles !

Et tous les aliments très utiles.

Rangez le sucre et la farine !

Car arrive la fée de la cuisine.

Quand elle commence à cuisiner

Elle ne sait plus s'arrêter.

Du sucré, du salé

C'est la reine de la cuillère à café.

Une quiche par ci, un cupcake par là,

Elle prend les œufs et elle les bat,

En neige ou en omelette,

Elle fait sa starlette.

De la casserole au fourneau,

Elle fait toujours de bons gâteaux.

Blanquette de veau, poulet rôti,

Ou tartelette, gâteau de riz,

Elle joue du fouet ou de la spatule,

Et malgré sa petite taille jamais ne recule.

Un coup à droite, un coup à gauche

Elle surveille la cuisson de la brioche,

Tantôt en haut, tantôt en bas

Elle décore ses babas.

Quand tu rentres de l'école pour le goûter,

Il y a plein de gâteaux préparés,

Maman est surprise mais pas inquiète

Elle pense que c'est mamie qui à jouer à la dinette.

Toi seul connais la vérité,

Mais comme tu viens de te régaler

Tu garderas le secret de ta fée,

Et pendant que tu mangeais elle a tout rangé.

Plus de taches, plus de vaisselle sale,

Elle a tout nettoyé c'est normal

Car quand on fait une recette

On range, on nettoie et on jette.

La cuisine ainsi propre et brillante

Maman n'en revient pas, elle est trop contente.

La petite fée, fatiguée, va se coucher

Mais puisque le diner est prêt, vous pouvez vous amuser.

Le soir quand papa rentre

On est sûr qu'il va bien se remplir le ventre.

Et comme vous avez bien soupés

Vite en cachette, tu vas remercier la petite fée.

L'elfe jardinier

L'elfe jardinier

Quelles sont belles mes tomates !

Elles sont rouges écarlates.

Regardez mes jolis poireaux !

Ils sont bien gros, ils sont bien beaux.

C'est le lutin jardinier

Qui vend ses légumes sur le marché

Et qui crie avec sa voix de ténor,

Que tous ses légumes valent de l'or.

Un kilo de pomme de terre

Voici Madame Marie-Pierre ;

Cinq cent gramme de cresson,

Le compte est bon Monsieur Gaston.

Et c'est ainsi toute la matinée

Que son stand est animé,

Il pèse, emballe et encaisse

La monnaie que ses clients lui laissent.

Et quand sa journée est terminée,
Qu'il a fini de tout remballer,
Il va rejoindre ses amis vendeurs
Le boucher, la poissonnière et l'apiculteur.

Quand ils auront fini de papoter,
Il rentrera chez lui se reposer
Et retournera demain matin
Vendre les légumes de son jardin.

Biner, semer, récolter,
C'est ce qu'il fait toute l'année
Il aime ses jolis légumes
Qu'il ramasse et qu'il hume.

Ils sentent la bonne terre
Il en à retirer toutes les pierres,
Pour que ses plantations soient les meilleures
Il n'a pas peur du dur labeur.

Et quand il va les vendre au marché

Que les gens viennent le féliciter,

Il est fier de dire qu'il a tout fait de ses mains

Et que grâce à lui, ils feront un bon festin.

Le lutin boucher

Le lutin boucher (Oscar Nivore)

Bien le bonjour Madame

Qu'est-ce que vous désirez ?

Demande alors au quidam

Oscar Nivore le lutin boucher.

Un couteau à la main,

Il taille une bavette

Pour la cliente du matin

Qui lui fait la causette.

Quand un monsieur arrive avec son chiot

Lui commandant des saucisses,

Il les emballe aussitôt

Pour ne pas qu'elles glissent.

Quand il ficelle ses rôtis

Qu'il coupe ses côtelettes,

La ménagère est son amie

Quand elle vient faire ses emplettes.

Et quand la journée est terminée
Qu'il baisse le rideau de fer,
Il va finir de tout ranger
Pour demain retrouver ses affaires.

Le soir venu, avant de se coucher
Il compte le contenu de sa caisse,
Qu'il portera le lendemain à son banquier
Pour augmenter ses économies qui étaient à la baisse.

Un jour bientôt il l'espère,
Il pourra offrir à sa fiancée,
Une bague sertie de belles pierres
Pour lui demander de l'épouser.

Et devant la boucherie,
Au moment de la noce,
On entendra ces cris
« Vive les mariés, dans leur carrosse ! »

Quand ils rentreront de leur voyage
Il préparera ses saucisses traditionnelles,
Pendant que sa femme à la caisse, bien sage,
Rendra la monnaie aux clientes habituelles.

Elle répondra aux questions de ces commères
Qui veulent savoir si un bébé est prévu,
Et quand elles verront rougir la bouchère
Elles comprendront qu'elles avaient bien vu.

Quand les pleurs de bébé se feront entendre
Tout le monde le couvrira de cadeau
En espérant que comme papa il sera tendre
Avec le bœuf, la cochon ou l'agneau.

la fée pâtissière

La fée pâtissière (Patella)

Dans la main droite une cuillère

Dans l'autre un fouet ou un rouleau

C'est la petite fée pâtissière

Qui nous fait de bons gâteaux

Elle pétrit, étale et remplit

La pâte pour la tarte à la crème

Pour en faire un gâteau très fourni

Avec une saveur extrême.

Une fois dans le moule

Elle le met dans ses fourneaux

Elle regarde le temps qui s'écoule

Dans son sablier qu'elle a eu en cadeau.

Quand les enfants regardent dans sa boutique

Ils se lèchent les babines

En voyant ces pâtisseries magnifiques

Qui sont meilleures qu'à la cantine.

Quand Patella, la fée, leur ouvre la porte
Ils rentrent gentiment en silence
Elle leur amène des gâteaux de toutes sortes
Et ils choisissent selon leur préférence.

La bouche pleine, le ventre gonflé
Ils remercient la fée pour ces bons desserts
Mais quand chez eux ils vont rentrer
Ils n'auront pas envie de prendre leurs couverts.

Ils ont mangé tellement de gâteaux,
Tant de sucre et de confiture,
Qu'ils veulent juste avaler un grand verre d'eau
Avant d'avouer à leur maman leur aventure.

Maman fâché les gronde un peu
Mais voyant leur ventre si rempli
Elle pardonne grâce à cet aveu
Et cajole ses petits bien assez punis.

Elle leur fait boire un bon bouillon

Rien de mieux que la diète

Pour soigner les maux de leur bedon

En laissant vide leurs assiettes.

Quand ils reverront la pâtissière

Ils se rappelleront de leur mésaventure

Mais malgré tout, ils mangeront avec leur mère

Les beaux gâteaux de la devanture.

Le lutin boulanger

Le lutin boulanger

Quand le matin tôt tu dors encore,

Que le jour n'est pas encore levé,

Le lutin boulanger déjà aux aurores

Commence à tout préparer.

Il pétrit sa pâte,

La met dans le pétrin,

Elle ne sera pas ingrate

Ça fera du bon pain.

Il pense à présent au petit-déjeuner,

Brioches, croissants, pains au chocolat.

Tu en auras peut-être pour ton gouter

Il en fait toujours plus, ça ne le dérange pas.

Quand en allant à l'école tu passes devant sa boutique,

Toutes les bonnes odeurs de viennoiseries

Viennent te chatouiller les narines, c'est logique

Tu resterais des heures devant la boulangerie.

Et si tu regardes bien au fond de la boutique,
Tu peux apercevoir le lutin boulanger
Il te sourit, c'est un moment magique,
Il baille, fatigué, il va se recoucher.

Chaque matin à la même heure,
Il fera le pain pour ses clients
Ça lui donnera du baume au cœur
De voir le sourire des enfants se régalant.

Quand il lui reste de vieilles brioches,
Du pain ancien ou des gâteaux invendus,
Il prépare une recette cachée dans sa poche
Un pudding au chocolat, du jamais vu.

Quand maman va en acheter
Voyant ce gâteau pourtant étrange,
Elle le donne aux enfants pour leur gouter
Il n'est pas très beau mais pourtant ils le mangent.

Maman leur demande alors si c'est bon,

D'un signe de tête ils acquiescent,

La bouche pleine, à l'unisson

Ils en mangeraient encore si il en reste.

Le boulanger garde sa recette au chaud,

Il est si content que les enfants l'adorent,

Maman lui sourit, merci pour ce gâteau

Les enfants l'aiment tant qu'ils le dévorent.

Demain il testera une autre création,

Qu'il trouvera dans un vieux grimoire,

Il espère que ça sera une bonne invention

Pour les enfants qui l'observent sur le trottoir.

La fée de l'ile

La fée de l'île

Non loin des algues et des coraux
Vivait, sur une grande et belle plage,
La fée des iles, dans une carcasse de bateau
Qu'elle avait trouvé sur le rivage.

Vêtue d'un simple paréo
Comme les habitantes des parages,
Elle surveillait au bord de l'eau
Qu'aucuns bateaux ne fassent naufrage.

Souvent à l'ombre d'un palmier
Car elle n'aimait pas le bronzage,
Elle commençait à rêvasser
En écoutant le coquillage.

Parfois un crabe lui fait causette
Lui racontant la vie des animaux marins,
Il lui invente des devinettes
Qu'elle cherche jusqu'au lendemain.

Quand une mouette veut l'attraper
Si petite on dirait un insecte,
Elle vole à tire-d'aile pour l'éviter
Et file se cacher dans un trou, direct.

Lorsqu'une tempête se fait sentir
Elle prévient la population,
En soufflant à ne plus finir
Dans un très gros clairon.

Et quand le calme est revenu,
Qu'il n'y a plus aucuns dangers à l'horizon,
N'ayez pas peur elle n'a pas disparu
Elle s'est juste cachée dans un buisson.

Et grâce à elle, les femmes, les hommes et les enfants
Ne craignent rien sur leur belle ile,
Pas même les tornades, les tsunamis ou le vent
Ils peuvent dormir tranquille.

Et la nuit venue, sur son lit de mousse

Dans son vieux bateau, elle ira se coucher

Elle entendra une musique douce

Que les habitants lui jouent pour la remercier.

Elle pourra alors rêver d'un monde merveilleux

Sans tempêtes et sans périls

Où tout le monde sera heureux

Sur cette très jolie île.

La fée de la valise

La fée de la valise

A la veille des vacances,

Quand maman doit tout préparer,

Tu l'aides à l'avance

En descendant les valises du grenier.

Pleines de poussière tu vas les essuyer,

Quand soudain tu entends un bruit à l'intérieur,

Tu veux les ouvrir mais tu n'as pas les clés

Tu commences à avoir peur.

Maman vient t'aider à l'ouvrir

Et tu ne vois rien dans les valises,

Elle te regarde, te fais un sourire

Et repart plier les chemises.

Une fois seul, tu entends à nouveau un bruit étrange,

Tu te penches et regardes bien dans tous les coins,

Tu aperçois alors une fée avec des ailes comme un ange,

Tu vas t'occuper d'elle avec soin.

Elle t'apprend qu'elle veille sur vos vêtements,
Quand vous partez à la campagne,
Quand tu vas à la mer avec tes parents,
Ou bien si vous allez à la montagne.

Et lorsqu'un faux pli apparait,
Que tu ranges tes habits en boule,
Elle les défroisse d'un tour de main parfait
De tes chaussettes à ta cagoule.

Alors quand maman à tout plié
Qu'elle met tout dans les valises,
Tu la glisses dans les vêtements sans hésiter
Et elle les arrange bien, elle est précise.

Une fois sur la route des vacances,
Tu entends du bruit dans la coffre de la voiture,
Tu sais que vous avez beaucoup de chance
D'avoir dans vos bagages, cette fée de petite envergure.

Tu ne diras jamais rien à tes parents

Ils penseraient que c'est une plaisanterie,

Car à la fée tu as fait le serment

De garder son secret pour la vie.

La fée pirate

La fée pirate

Sur un petit radeau de fortune,
En pleine mer froide et agitée,
Se trouvait une fée aux cheveux couleur prune
Qui jusqu'à maintenant était naufragée.

Elle a perdu son bateau pirate,
Prit pas ses amis marins,
Qui voulaient commander sa frégate,
Ils n'auraient plus de capitaine, c'est bien malin.

Sur l'ile où elle s'est échouée,
Elle a préparé de quoi s'enfuir,
Après plusieurs jours, affamée
Car elle avait failli s'évanouir.

Par une nuit de pleine lune,
Sur son radeau elle a embarqué,
Se laissant dériver loin de la dune
Qui quelques jours, l'avait abrité.

Elle repensa à la rébellion,

Espérant un jour se venger,

Pour le moment elle scrute l'horizon

A la recherche d'un voilier.

C'est un galion qui la prit à son bord

La sauvant de la tempête, elle allait se noyer,

Il allait la ramener à bon port,

Son bateau elle allait retrouver.

Pleine de courage, elle leur apprendra la discipline,

Elle allait arrêter cette mutinerie,

L'équipage surpris faisait triste mine

Car jamais il n'avait pensé qu'un jour elle surgit.

A la vue de la petite fée Marjolaine,

Ils crièrent en sautant de joie,

« Vive la fée pirate, vive notre capitaine

Plus jamais nous ne douterons de toi ».

Ainsi jusqu'à la nuit des temps,

Elle dirigea son bateau, cherchait des trésors,

Jamais personne ne voulut sa place apparemment

Ils avaient compris qu'elle valait de l'or.

La fée du château

La fée du château

Au pays des princes et des princesses
Vivait une fée magique,
Pleine d’amour et de tendresse,
Dans ce monde romantique.

Un jour la reine lui demanda
De trouver une femme pour son fils,
Cette fois le prince n’y échappera pas
Il ne pourra plus faire de caprices.

La bonne fée chercha dans le royaume
Une gentille jeune fille pour l’héritier,
Elle fit même chanter des psaumes
Pour en trouver une à marier.

Un jour, du haut de la tour
On vit arriver un carrosse attelé,
Aussitôt la fée fit jouer les tambours
Pour accueillir la future mariée.

Elle était belle et fort gracieuse
Et son père apporta une belle dote,
Elle savait que le prince la rendrait heureuse
Même si elle avait les cheveux poil de carotte

Le prince la vit et tomba amoureux
Il ne restait plus qu'à les marier,
La noce fut belle, le repas chaleureux
Les deux tourtereaux pouvaient s'aimer.

La reine en joie et généreuse
Couvrit la fée d'or et de bijoux,
Cette histoire a une fin heureuse
Elle va en faire bien des jaloux.

Quand les enfants princiers
Un jour au château naquirent
On fit préparer un gros diner
Où tout le royaume fut invité à venir.

La fée du château en voyant tout cet amour

Et contente de voir arriver ces jumeaux

Savait déjà qu'ils seraient heureux à la cour

Et qu'ils seraient sages comme des agneaux.

Le lutin pêcheur

Le lutin pêcheur

A bord d'un chalutier

Quand le jour n'est pas encore levé

Alors qu'il est en pleine mer

Le lutin pêcheur s'éloigne de la terre.

Il part sur son bateau

En suivant le fil de l'eau

Les filets prêts à être jetés

Il espère qu'il va bien pêcher.

Quand au milieu de la matinée

Il a déjà à son bord remonté

Des thons, des rascasses, des sardines,

Il s'essaye alors à la pêche à la ligne.

Lançant sa canne en dérivant

Le moulinet prêt si le fil se tend

Il attend patiemment fixant son bouchon

Qu'un poisson morde à son hameçon.

Et quand le soleil annonce midi

Il reprend la barre et sera accueilli

A la criée, à son arrivée au port

Par une foule de gens qui attend son rapport

Il épelle le nom des poissons pêchés

Il entend les prix s'élever

Et quand il a tout vendu

Il va se reposer, il est fourbu.

Et le lendemain comme chaque matin

Le lutin pêcheur, ce fier marin,

Espère ramener des poissons par milliers

Pour nourrir toutes ces bouches affamées.

Et si la mer ne fait pas le gros dos

Si le temps par bonheur est beau

Il espère voir au loin une sirène fantastique

Qui lui chantera des airs féériques.

Il sera alors sous son emprise

Elle l’emmènera à sa guise

Visiter les fonds marins, son domaine

Puis ramènera à bord son capitaine.

Il se réveillera sur son bateau

Sera heureux de ce moment très beau

Puis rentrera comme chaque jour

Et reviendra une autre fois lui dire bonjour.

Il gardera tout cela secret

Car personne ne le croira en effet

Mais grâce à elle maintenant,

Il fera la nuit des rêves étonnants.

ANTIQUES
Bradley's TOY VILLAGE
Come in WE'RE OPEN
SHAVING -10¢- HAIR CUT -15¢-
La fée de la brocante

La fée de la brocante

Le dimanche à 6 heures du matin,

Quand le jour commence à se lever,

On la voit de stand en stand soudain

Elle est en train de chiner.

C'est la douce fée de la brocante,

Qui aime se promener

Au milieu des allées abondantes

Des vendeurs qui très tôt se sont réveillés.

Elle fouine dans les malles, les cartons et les paniers

A la recherche d'objets et de jouets étonnants,

Elle sait bien qu'elle ne pourra rien acheter

Mais elle guide alors les enfants.

Devant leurs yeux émerveillés,

Elle chuchote à l'oreille de leurs parents,

Et même s'ils ne peuvent pas l'écouter

Ils ne restent pas indifférents.

Le jouet dans les mains
Ils remercient leur papa et leur maman,
Ils ont beau être des gamins
Ils n'oublient pas la fée évidement.

Elle est ravie de cettc vente
Regarde les brocanteurs ranger à la fin de la journée,
Elle est contente de cette brocante
Et attend la prochaine impatiemment pour recommencer.

Et tout le reste de l'année
Elle cherche les objets dans vos maisons
Que vous pourrez mettre dans les paniers
Pour la brocante de la prochaine saison.

En attendant, elle se repose
Elle se permet de rêver,
Elle espère trouver tant de chose
Que les enfants pourront acheter.

Et quand arrive la première brocante

Que tu iras te balader à ce vide-grenier

Elle sera pour ce jour ton assistante

Et grâce à elle tu n’auras pas trop dépensé.

La fée de Noël

La fée de noël

Quand les douze coups de minuit résonnent
Dans cette froide nuit du 24 décembre,
C'est le moment où la fée de noël s'étonne
De voir encore les lumières dans les chambres.

Elle surveille de loin les maisons du village
Pour prévenir le père noël,
Elle cherche partout les enfants sages
Pour envoyer des signaux dans le ciel.

Quand enfin les lumières s'éteignent,
Que les enfants sont endormis,
Elle joue une douce musique avec son peigne
Et un traineau arrive en cati mini.

Commence alors son travail de curieuse,
Elle montre le chemin au père noël son ami,
Elle vole de maison en maison fait sa fouineuse
Pour voir si les enfants sont bien dans leur lit.

Quand la distribution des cadeaux est terminée,
Quand les rennes repartent avec son ami joyeux,
Elle reste jusqu'à ce que le village soit réveillé
Et sourit en voyant tous ces enfants heureux.

Jamais un enfant n'est oublié
Elle fait toujours bien son travail
Elle sourit en voyant ces enfants émerveillés
Devant tous leurs jouets en pagaille.

Elle espionnera encore cette année
Les enfants qui penseront au noël prochain,
Pour noter les cadeaux désirés
Et envoyer la liste de jouets aux lutins.

Ils commenceront à les fabriquer
Dans leur usine au pôle nord
Et dans un an ils seront distribués
Dans les villes, les villages et même les ports.

Chaque enfant du monde sera gâté,

Car la fée de noël guidera encore son ami,

Et quand il aura tout distribué

Il emmènera la fée pour faire la fête toute la nuit.

La fée de l'armoire

La fée de l'armoire

Un jour de froid, malgré ton retard,

Tu cours dans ta chambre,

Tu ouvres ton grand placard

Et cherches un vêtement chaud, on est en novembre.

En soulevant tes pulls en laine,

Tu recules très surpris

Car au chaud dans tes mitaines,

Tu vois un petit être endormi.

En voyant ses belles ailes repliées

Tu comprends que c'est la fée de l'armoire,

Ta maman t'en a un jour parlé

Mais tu ne voulais pas la croire.

Elle se réveille et sursaute

Et en voyant tes yeux ébahis,

Elle se lève mais n'est pas très haute,

Te fais un signe de la main et te souris.

Tu lui parles et la rassure,

Avec tes habits tu lui fais un nid douillet,

Elle te remercie et te jure

De veiller sur tes vêtements en secret.

Elle empêche la poussière de rentrer,

Elle se bat contre les mites

Qui viennent sur tes pulls pour manger

Et faire des trous pendant leur visite.

Elle adore l'odeur de lessive

Que maman met dans ton linge

Elle joue parfois au détective

Avec ta peluche, le petit singe.

Maintenant que tu connais son secret

Tu peux être rassuré

Ton linge sera toujours douillet

Quand tu l'auras enfilé.

Quand tu descendras rejoindre maman

Elle te demandera ce que tu faisais,

Tu pourras lui dire que tu as vu sa fée maintenant

Elle sera ravie car c’est ce qu’elle souhaitait.

La fée de l'école

La fée de l'école

A 8h30 quand la cloche sonne,

Que les cris des enfants résonnent

Dans la cour de récré,

C'est l'heure de rentrer en classe pour les écoliers.

Ils se mettent tous en rang

Et attendent alors sagement,

Que leur maitre ou leur maitresse,

Avec beaucoup de gentillesse,

Les invite à s'installer

A leur pupitre attitré.

Ainsi assis à leur table

Ayant posé leur lourd cartable,

Ils écoutent les cours de maths et de français,

D'histoire, de géo et même d'anglais.

Et comme leurs parents à leur âge

Ce sont des enfants très sages,

Qui apprennent bien leurs leçons

Qui connaissent leur récitation.

Mais dans un coin près du chauffage,

Au fond de la classe, pleine de courage,

Une petite fée surveille les élèves

Et pour cela elle ne fait jamais grève.

Au milieu des crayons, de la colle et du papier,

Sur l'étagère du haut elle s'est cachée.

Elle aide les plus faibles, leur chuchote la réponse

A une question trop dure que la maitresse annonce.

Quand un petit étourdi commence à rêvasser

Elle vole vers lui pour le sortir de ses pensées.

Quand un autre embête son voisin

Elle gronde le petit coquin.

Ainsi toute la journée elle veille au grain

Et le soir venu elle attend impatiente le lendemain.

Elle connait par cœur chacun de leur nom

Elle les aide à apprendre leur leçon,

Les console quand l'un d'eux pleure

Et les rassure quand ils ont peur.

Mais la maitresse ne la voit pas,

Elle ne sait même pas qu'elle est là,

C’est le secret des enfants
Ils ne disent rien aux grands.
Les adultes ça ne comprend rien
Ils ne croient pas aux fées, ils ne sont pas malins.
Mais la fée de l’école n’est pas fâchée
Elle sait qu’enfants ils l’ont aimée.
Elle sait qu’un jour ces enfants du présent
L’oublieront à leur tour quand ils seront grands,
Mais c’est ainsi depuis la nuit des temps
Ce dit-elle en souriant.
Elle les aime ces petits chéris
Du lundi au vendredi,
Et quand vient le temps des vacances
C’est déjà à la rentrée qu’elle pense.
Amusez-vous bien mes petits amis
Mais ne revenez pas trop grandi,
Car encore quelques années
Et vous ne croirez plus aux fées.
Profitez donc de votre jeunesse
Elle passe à toute vitesse.

La fée de la maison

La fée de la maison (Fanfreluche)

Des objets perdus dans la maison ?

Ne cherche pas trop loin

C'est Fanfreluche qui a fait sa moisson

En fouillant dans les recoins.

Cette petite fée coquine

Cache les clés ou la monnaie,

Et elle est très maline

Car quelques heures après elle les remet.

Chut, ne fais pas de bruit et cache toi

Mais ne dis rien à ton papa,

Silencieux, tu la verras chez toi

Mais lui aux fées il ne croit pas.

Le lutin garagiste
GARAGE

Le lutin garagiste (Jean Pignon)

La voiture de papa ne veut pas démarrer
Vite il faut appeler Jean Pignon
Ce lutin garagiste va pouvoir la réparer
Car c'est lui le roi des pistons.

Un coup de clé par ci, un peu d'huile par là
Il enlève et remet les quatre pneus
Il cherche pourquoi elle ne démarre pas
Jusqu'à s'en arracher les cheveux.

C'est une petite coquine
Il a compris ce qu'elle avait,
Elle tousse en faisant sa maline
Elle n'aime pas dormir dehors, il le savait.

Il la bichonne,
Elle se réchauffe,
Un tour de clé elle ronronne
Il accélère le moteur chauffe.

Papa revient, il est content
Il remercie Monsieur Pignon, va le payer
Et fait la promesse qu'à présent
Dans le garage, chaque nuit, elle sera invitée.

La voiture ainsi réparée
Elle peut m'emmener à l'école
Chaque matin quand on doit y aller
Maintenant on en rigole.

Chaque jour le lutin garagiste
Travaille et répare d'autres voitures
Il aide tous les automobilistes
Qui viennent le voir à vive allure.

Il y a souvent la queue devant son garage
Il fait tout pour dépanner rapidement
Toujours en faisant attention, c'est plus sage
Car il ne veut pas qu'il y ai d'accident.

A la fin de sa journée, fourbu

Il rentre chez lui se reposer,

Alors il se met à table, détendu

Car Sa femme lui a préparé un bon diner.

La fée infirmière

La fée infirmière

Dans la main droite une seringue,

Un thermomètre dans la main gauche,

Alors commence une journée de dingue

Quand les infirmières embauchent.

Notre fée de blanc vêtue,

Fait ses visites de chambre en chambre,

Les malades contents de sa venue

S'émerveillent devant ses ailes couleur d'ambre.

Elle est au petit soin pour eux,

Elle leur amène leurs remèdes ;

Ils sont tous bien heureux,

Quand elle apporte leur tisane tiède.

Quand un malade a besoin d'elle,

Elle accourt tout net

En deux ou trois coups d'ailes

Pour vite éteindre leur sonnette.

Souvent dans le couloir elle chantonne,

Alors ils tendent l'oreille pour écouter

Sa douce voix qui résonne

Dans ce milieu hospitalier.

Et quand certains malades sont guéris

Qu'ils quittent leur chambre, enchantés,

Elle est heureuse de les voir rétablis

Et retient ses larmes de joie pour ne pas trop pleurer.

Quand elle pense à sa cousine

Infirmière chez un dentiste,

Elle n'aimerait pas soigner des canines

Elle n'aime pas faire mal, c'est triste.

Voici la vie de la fée infirmière

Quand chaque jour elle va à l'hôpital travailler,

Et quand elle rentre dans sa chaumière

Un bon repos elle a mérité.

Si un jour une infirmière vient à ton chevet

N'oublies surtout pas de la remercier

Elle t'amènera tous les jours tes cachets,

C'est grâce à elle que tu seras soigné.

L'elfe médecin

L'elfe médecin

« Allo Docteur, j'ai de la fièvre,

Pouvez-vous venir s'il-vous-plait ? »

L'elfe médecin se mord les lèvres

Mais il arrive à ton chevet.

Le nez qui coule, le front brûlant,

C'est un gros rhume j'en suis certain,

Je vais vous préparer des onguents

Qui me viennent d'un vieux magicien.

Dans deux ou trois jours certainement

Vous irez mieux si vous suivez à la lettre

Ma prescription de médicaments

Que sur l'ordonnance je viens de mettre.

Il sort quand même son stéthoscope

Pour lui écouter le cœur

Il battait aussi bien que court une antilope

Pour son plus grand bonheur.

Le docteur ainsi ravi
Que son malade soit en assez bonne santé,
Lui prescrit de rester au lit
Pendant encore quelques journées.

Notre ami enrhumé rassuré
Remercie l'elfe médecin de sa visite,
Il va pouvoir se faire chouchouter
Par sa femme, la jolie Judith.

Parfois il travaille à l'hôpital
Pour soigner des grands malades,
Il est vraiment phénoménal
Car ce n'est pas une partie de rigolade.

Soigner des blessés c'est plus dur
Mais il connait très bien son métier
Il sait comment panser les blessures
Des patients qui sont accidentés.

A l'hôpital ou à son cabinet

Il est heureux de voir les gens guéris

Il rentre chez lui tout guilleret

Devant son devoir accompli.

La fée vétérinaire

La fée vétérinaire

Au milieu des animaux

Dans ce très grand dispensaire

On venait même par bateau

Voir la gentille fée vétérinaire.

Elle s'occupait de toutes sortes d'espèces

Des chiens, des ours, des otaries ou des lions,

Elle était pleine de tendresse

Lorsqu'elle les soignait ou les vaccinait par précaution.

Tous les bandages et pansements

Arrivaient par dizaines de cartons

Ainsi que les médicaments

Qui servaient à leur guérison.

Quand un animal blessé

Venait la voir à la clinique,

Elle lui donnait un doux baiser

Et un peu de poudre magique.

Et l'animal ainsi sauvé
Partait rejoindre sa famille,
La fée était rassurée
Ce n'était qu'une broutille.

Et quand parfois elle s'ennuyait
Que personne n'était malade,
Ils venaient la voir et lui racontaient
Les récits de leurs escapades.

La fée bercée par les histoires s'endormait,
En rêvant à ses pays lointains et exotiques,
Où tous ces gentils animaux vivaient
Dans ces endroits fantastiques.

Elle espérait que dans le futur,
Plus personne ne chasserait,
Pour que les animaux et leur fourrure
Vivent dans un monde de paix.

Plus besoin de braconner,

Si tout le monde était gentil

Il n'y aurait plus besoin de tuer

Et plus besoin de fusil.

Ils sont en voie de disparition

Car leur espèce est menacée,

Par des hommes et leurs mauvaises actions

Mais qui changera ce monde écorché.

L'elfe pompier

L'elfe pompier

Quand la sirène se met à retentir,

Que l'alarme est activée,

C'est l'heure pour l'elfe pompier de partir

Dans son grand camion lustré.

C'est un incendie qui s'est déclaré

Dans une forêt qu'il faut atteindre,

Il ferait bien de se presser

Si le feu il veut éteindre.

Armé de lance à eau

Il affronte la chaleur

Il va stopper ce fléau

Surmontant sa peur.

Les flammes léchant les arbres

La colline calcinée

Il regarde ce paysage macabre

Il est désespéré.

Dans un dernier effort

Pour tout arrêter,

Il se bat encore et encore

Il sait qu'il va gagner.

Dans la nuit, l'incendie enfin éteint

Il peut maintenant respirer,

Mails il sait qu'il verra au matin

Des hectares de forêt partis en fumée.

Tous dangers écartés

Il rentre à la caserne,

Pour pouvoir se reposer

Après avoir rempli sa citerne.

Un bon repos sera bien mérité

Il a bataillé toute la nuit,

Maintenant il peut respirer

Il a sauvé ce qui était construit.

On peut remercier les pompiers

Pour sauver nos vies et nos forêts,

Sans eux la terre serait dépeuplée

Ça n’est pas un secret.

La fée des champs

La fée de champs (Flora)

Si tu regardes dans un champ,

De tournesol ou bien de blé,

Tu pourras voir en te penchant

Près de ton pied, un petit terrier.

Si tu observes sans bouger

Tu verras quelque chose sortir.

Voilà, c'est une tout petite fée

Elle s'appelle Flora ce nom lui va à ravir.

C'est la fée des champs qui fait pousser les blés,

Qui tourne chaque tournesol vers le soleil,

Qui fait grossir les choux et les fraisiers

Pour que les paysans s'émerveillent.

Personne ne sait qu'elle est là,

Elle travaille toujours dans l'ombre,

Sauf quand le chat la prend pour un rat

Alors elle se cache dans un endroit sombre.

Quand tout danger est écarté
Elle sort de sa cachette
Elle peut retourner surveiller
Dans les champs derrière la brouette.

Lorsqu'un moineau ou un corbeau
Dans les semences soudain se jette,
Elle fait la chasse à ses oiseaux
En sortant de sa cachette.

Elle sort de son attirail
Son arme secrète,
Un très grand épouvantail
Pour les mettre à la diète.

Quand ils seront tous partis
Elle pourra souffler,
Elle aura gagné son pari
De tous les repousser.

Et quand un jour pour le repas

Maman t'aura préparé du blé,

Tu penseras à la fée, là-bas,

Dans son champ qui l'aura fait pousser.

La fée de l'arc-en-ciel

La fée de l'arc-en-ciel

A la frontière de la campagne et de la ville,

Alors que le soleil brille,

La pluie se met à tomber

On dirait presque des giboulées.

Soudain se dessine devant tes yeux

Un arc-en-ciel merveilleux

De sept couleurs exceptionnelles

Dans les tons pastels.

Parfois on ne le voit qu'à moitié,

Cette fois il est en entier.

Du côté droit au côté gauche,

On pourrait en faire une ébauche,

On le croirait à quelques mètres,

Mais il est bien plus loin, il faut l'admettre.

D'après certains, il commence au pied d'un chaudron

Que le lutin garde en toute discrétion

Et quand la pluie tombe sur les pièces d'or

Le soleil les fait scintiller d'abord.

C'est alors qu'arrive la fée de l'arc-en-ciel

Qui devant tout cet or toujours s'émerveille,

C'est elle qui fait briller les jetons

De plusieurs couleurs à l'unisson.

Tout d'abord le violet

Qu'elle a emprunté au bleuet,

Suivi de près de l'indigo

Qui lui flatte son égo,

Sans compter qu'arrive le bleu

Comme celui de ces beaux yeux.

Si tu regardes bien, tu verras le vert

Qui s'est mis à découvert,

Puis le jaune fait son apparition

Dans l'ordre de la distribution.

C'est au tour de l'orangé de venir s'infiltrer

Entre le jaune et le dernier.

Enfin le rouge ferme la marche

Et toutes ces couleurs forme l'arche.

Quand la pluie décide de s'arrêter

Le lutin remporte son chaudron doré,

Et la fée qui a fini de travailler

Commence à tout nettoyer.

C'est pour cela que tu le vois s'effacer

Doucement jusqu'à l'autre côté,

Et au prochain orage tu chercheras

Si à nouvel un arc-en-ciel il y aura.

La fée de la ferme

La fée de la ferme (Pétronille)

A cent lieues d'ici, dans un village déserté,

Tenait encore debout au milieu des champs,

Une ferme remplie d'animaux abandonnés

Qu'avaient laissé là les habitants.

On y voyait des poules et des cochons,

Des ânes, des vaches et leurs petits veaux,

Et bien d'autres espèces comme les dindons,

Ou encore des moutons, des oies et des chevaux.

Ils étaient là tous ensemble,

Mais ils étaient très bien gardés,

C'est pour cela qu'aucun d'eux ne tremble

C'est le travail de Pétronille la gentille fée.

C'est la fée de la ferme,

Elle y fait régner la paix,

A toute querelle elle met un terme

Dans le plus bref délai.

Quand vient l'heure de manger,
Elle s'occupe de chacun d'eux,
Elle n'a pas le temps de rêver
Ils attendent leur festin délicieux.

Elle nettoie l'étable, l'écurie et la basse-cour,
Sans oublier la porcherie des gorets,
Et quand vient la saison des amours
Elle leur prépare de petits nids douillets.

Quand les bébés naissent,
A chaque recoin, en chaque saison,
Elle les nourrit et les engraisse
C'est là sa quête, sa mission.

Les animaux ainsi choyés,
Peuvent continuer à vivre heureux,
Et certains pour la remercier
Lui font des bisous chaleureux.

Les poules lui donnent des œufs,

Les vaches lui donnent leur lait,

Et devant le regard des bœufs

Elle se fait à manger avec un sourire satisfait.

Ils vivaient ainsi depuis quelques années

Lorsqu'une famille de fermier arriva,

Ils virent les animaux en si bonne santé

Qu'ils restèrent ébahis, ils n'en revenaient pas.

La fée de la ferme contente d'avoir du renfort

Va se cacher sous les ailes des poules,

Elle ferme les yeux et de fatigue s'endort,

Même si la présence des humains la chamboule.

Elle rêve de jour heureux

Au milieu de tous ses amis,

Elle sait que tout sera merveilleux

Maintenant qu'ils sont à l'abri.

La fée du jardin

La fée du jardin (Pétunia)

Que ces fleurs sont belles !

Qu'elles sentent bon.

Pourquoi ce lierre s'emmêle

Sur le mur de la maison ?

Pourquoi ces roses s'ouvrent le matin

Pour se fermer à la tombée de la nuit ?

C'est grâce à la chaleur des mains

De Pétunia qui veille jusqu'à minuit.

Cette petite fée du jardin,

Veille nuit et jour

Au bien être de son butin,

Elle s'occupe de ses fleurs avec amour.

Lorsque par malheur un ballon vient s'écraser,

Que ses belles amies ont des cassures,

Elle est vraiment très très fâchée

Mais elle s'occupe de leurs blessures.

Elle les soigne et les chérit tellement,
Que grâce à elle, elles se redressent,
Elle peut alors rire gaiement
Devant cet enfant plein de maladresse.

Quand de vieillesse certaines se fanent,
Elle les pleure et avec tendresse,
Elle les fait sécher sous le platane
En les posant avec délicatesse.

Elle les mettra dans son herbier
Bien au chaud à l'abri les mignonnes,
Elles deviendront des fleurs séchées
Qui serviront à décorer des couronnes.

Toutes ensemble rassemblées
Dans une grande panière,
Elles viendront parfumer
Les maisons de nos grands-mères.

Si tu veux toi aussi un jardin magnifique,

Demande à Pétunia, elle ne doit pas être loin,

Elle en fera un endroit féerique

Et tu l'aideras à en prendre soin.

La fée de la mer

La fée de la mer (Marine)

A la tombée de la nuit,

Si tu vas sans faire de bruit

Près de la grande jetée,

Quand revient la marée,

Tu verras survolant les flots

Un petit être très beau.

C'est une fée qui se nomme marine,

On dirait une figurine,

Et avec ses ailes translucides

Elle vole au-dessus du vide.

C'est la fée de la mer,

Qui revient parfois sur terre,

Pour voir son fiancé

Un gentil elfe chevalier.

Ils se retrouvent au bord de l'eau,

Il lui conte ses récits fort beaux,

Elle se blottit dans ses bras

Car il est l'heure de partir déjà.

Elle regarde partir son amoureux

Elle sourit car c'était encore un instant heureux.

Elle reviendra bientôt pour le voir

Il sera là à l'attendre dans le noir.

Il se retourne encore une fois

Lui envoie un bisou du bout de ses doigts,

Elle lui sourit et attrape son baiser

Pour lui en renvoyer d'autres par millier.

Elle s'arrête un instant, s'assoit sur un rocher

Tourne la tête, elle se sent surveillée.

Elle te voit dans la pénombre

Aperçoit grâce à la lune ton ombre,

Elle s'approche de toi, vole près de ton oreille

Te glisse quelques mots et tu t'émerveilles.

Elle te demande de la suivre illico

Te voici à présent dans l'eau,

Mouillé jusqu'au bassin

Elle appelle un dauphin.

Il arrive près de toi, tu le vois, le caresse

Elle avait compris que tu avais beaucoup d'adresse.

Elle avait senti que tu en rêvais

Elle a exaucé ton vœu désormais.

Tu la remercie grandement,

Grace à elle tu as vécu un bel instant,

A jamais tu t'en rappelleras

Ni le dauphin, ni elle tu n'oublieras.

L'heure de se quitter à sonner,

Sur ta joue elle te donne un baiser.

Peut-être qu'une nuit tu la reverras

En attendant tu vas aller te mettre sous tes draps.

Alors tu rentres tranquillement chez toi,

En faisant attention que ton chien n'aboie.

Et dans ton lit douillet

Sous ta couette, en secret,

Tu rejoindras les étoiles

Qui te recouvriront d'un voile.

Au petit matin à ton réveil

Tu sens que tu as encore sommeil ?

Et tu te demandes si tu as rêvé

Ou si c'était bien la réalité.

La fée des bois

La fée des bois

Il était une fois,

Dans une contrée lointaine,

Une petite fée des bois

Qui n'était pas vilaine.

Quand un enfant se perd

Dans sa forêt feuillue,

Elle joue un rôle de mère

Tout en passant inaperçue.

Elle le protège des bêtes féroces,

Le guide sur le bon chemin,

Le rassure pour les bruits atroces

Et il rentre chez lui au petit matin.

Mais cet enfant c'est un peu moi,

C'est un peu toi au fond de ton cœur,

Et la petite fée même par grand froid

Est toujours là pour enlever tes peurs.

La Fée des neiges

La fée des neiges (Arielle)

Quand tu lèves les yeux vers le ciel
Et que tu vois tomber de gros flocons,
C'est la fée des neiges, la belle Arielle
Qui secoue ses ailes comme un bataillon.

Elle vole et virevolte
Ramassant au passage la neige tombée,
Elle fait ainsi sa récolte
Pour faire des boules et les lancer.

Tu as beau te cacher derrière ta barrière
Elle te vise, te touche et te renverse,
Surpris te voilà assis sur ton derrière
Tu ris mais aurais bien aimé que ça soit l'inverse.

La neige continue et recouvre le chemin
Tu vas pouvoir faire un bonhomme,
La fée te donne un coup de main
Car ce n'est pas qu'une affaire d'homme.

Il est tard, il faut rentrer

Arielle retourne à ses occupations

Maman te gronde, tu as les mains gelées

Heureusement que tu avais mis ton blouson.

Le lendemain à ton réveil

Tu cours vite voir la blanche plaine,

Mais la neige a fondue au soleil

La fée reviendra l'année prochaine.

Tu l'attendras toute l'année

Tu sens enfin le froid qui arrive

Mais elle n'est pas encore arrivée

Tu deviens très craintive.

Quand la neige enfin tombe,

Tu cherches tout autour de toi

Tu la vois arriver telle une bombe

Et tu en sautes de joie.

Tu sais que dans quelques mois

Elle partira au moment du dégel,

Tu mets vite tes gants cette fois

Pour aller jouer avec elle.

Quand dans quelques années tu seras grande,

Ce seront tes enfants qui joueront avec elle

Tu les laisserais s’amuser à leur demande

Tu sais que c’est la fée qui les appelle.

La fée de la montagne

La fée de la montagne

Tout en haut de cette montagne

Là où les pentes sont enneigées,

Où la neige blanche sur le sommet stagne,

Vit la plus frileuse des fées.

D’un beau manteau blanc elle est vêtue,

Rajoutant sa capuche quand elle grelote,

C’est comme cela qu’elle passe inaperçue

Lorsqu’elle sort de sa grotte.

C’est ainsi qu’elle guide le randonneur

Pour éviter qu’il ne se perd,

Elle remet sur la piste le skieur

Quand maladroit il tombe par terre.

Quand elle a trop froid

Elle rentre se réchauffer

Près d’un gros poêle à bois

Que sa grand-mère lui à donné.

Chaque matin au petit jour
Elle rejoint sa position
Pour scruter aux alentours
Et aider les gens qui se perdront.

Dans la neige fraiche, elle jouera de sa pelle
Pour leur tracer le bon chemin,
Ils rentreront au chalet sans séquelles
Et ravis d'être au chaud, ils sont sereins.

Si toi aussi tu te promènes là-haut
Regarde bien près des sapins,
Car elle se cache derrière ses arbres si beaux
Et reste toujours à l'affut au bord du chemin.

Ne cligne pas des yeux, regarde bien,
Tu la verras avec ses ailes floconneuses,
Elle te prendra pour un magicien,
Ce sera une rencontre merveilleuse.

Et dans le froid glacial qui vient de tomber,

Tu la verras vite partir à tire-d’aile,

Elle va aussitôt se réchauffer

Dans la maison de son ami le père noël

L'elfe policier
POLICE

L'elfe policier

Il est tard, quelle est donc cette sirène !

Ça vient de cette voiture qui se promène.

C'est celle de l'elfe de la police

Qui vient faire régner la justice.

Le commissaire l'a envoyé pour une bagarre,

Il a séparé les deux malabars,

Les a arrêtés en leur passant les menottes,

Ils dormiront au poste comme des marmottes.

Ce valeureux policier patrouille,

Surveille et chasse les fripouilles,

Qui embêtent les honnêtes gens

Quand la nuit ils rentrent tardivement.

Il n'a peur de rien,

Il est courageux et malin,

Il veille sur vos chaumières

Jusqu'à ce qu'arrive la lumière.

Quand le jour se lève,

Il attend patiemment la relève,

Et les yeux fatigués d'avoir veillé

Il rentre chez lui se coucher.

Le soir venu, à la nuit tombée,

L'elfe commencera sa tournée,

Tu pourras dormir sur tes deux oreilles

Jusqu'au matin il veillera sur ton sommeil.

Les enfants dormiront rassurés,

Les parents seront apaisés,

Et dès qu'ils le pourront

Vivement ils le remercieront.

Toujours à l'affut,

Il arpente les rues,

Pour traquer les méchants

Il aime son métier d'agent.

Il n'a peur de rien

Il fait sa ronde avec son chien

Il travaille toujours avec le sourire,

Il faut bien le dire.

Pour tous ses loyaux services

Il fut convoqué au poste de police,

Par un jour de mois de janvier

Il allait être récompenser.

Et quand il fut à la retraite

Malgré sa nouvelle vie parfaite

Il allait voir les nouveaux policiers

Pour leur raconter le temps passé.

La fée du sommeil

La fée du sommeil (Sablette)

Quand tu es dans ta maison

Et que tu tends vraiment l'oreille,

Tu entendras à toute saison

Chanter la fée du sommeil.

Elle chante une berceuse

A l'enfant que tu es,

Des chansons très joyeuses

Pour qu'à ton réveil tu sois gai.

Toi seul peux l'entendre

Car tes parents sont trop grands,

Sauf si ce sont des cœurs tendres

Qui ont gardé des âmes d'enfants.

La petite Sablette car voici son nom

A une voix si douce et si fluette

Que tu pourrais avec, chanter en canon,

Pour t'endormir en fermant tes mirettes.

Ta nuit sera si belle

Tes rêves si jolis,

Qu'au matin à la demoiselle

Tu pourras dire merci.

En attendant le soir, au moment du coucher

D'entendre encore la voix qui te fera dormir,

Tu raconteras à tes amis écoliers

Ce que la fée Sablette t'aura chanté pour t'endormir.

Ils te regardent avec envie

En entendant ton histoire,

Il aimerait qu'elle vienne aussi

Les bercer tous les soirs.

Ils rentreront chez eux

Et attendront d'être couchés,

Dans le noir ils ouvriront leurs yeux

Pour voir cette mignonne petite fée.

Et quand tout à coup dans le noir

Ils entendent chanter une douce voix,

Ils savent qu'ils vont dormir comme des loirs

Et que demain ils se réveilleront plein de joie.

L'elfe veilleur de nuit

L'elfe veilleur de nuit

Quand tu dors depuis des heures,
Que tu rêves la tête sur l'oreiller,
Il est là toujours de bonne humeur
Pour te protéger des dangers.

Le lutin veilleur de nuit
Avec sa lampe torche allumée,
Surveille même sous la pluie,
Les rues et ruelles inanimées.

Si un bruit se fait entendre
Il accourt sur les lieux.
Il essaye alors de comprendre
Ce qu'il ne voit pas avec ses yeux.

Dans la pénombre d'un cul-de-sac,
Eclairé par un lampadaire cassé,
Il voit un chat près du bric-à-brac,
Dans les poubelles en train de fouiller.

Le voilà rassuré,
Aucun voleur à l'horizon,
Il repart à nouveau veiller
Autour de nos maisons.

Si dans la nuit tu te réveilles,
Approches-toi de ta fenêtre,
Tu verras en bas comme la veille,
Le veilleur de nuit apparaitre.

D'un geste de la main,
Il te fera un petit coucou,
Tu lui diras à demain
Quand tes yeux fatigués le verront flou.

Et quand tu retrouveras ton lit,
Tu pourras dormir sur tes deux oreilles,
Quand l'elfe ira dormir à la fin de la nuit,
C'est l'heure où tu te réveilles.

En passant devant chez lui,

Tu regardes vers sa fenêtre,

Il te dit à ce soir c'est promis,

Et va se coucher sans paraitre.

Le soir quand tu vas dans ta chambre,

Tu cours à la fenêtre pour voir si il est là dehors,

Et le voyant te saluer en ce mois de décembre,

Tu peux dormir rassurer, fermes les yeux, voilà tu dors !

La fée des dents

La fée des dents (Dentine)

Quand tu perds une quenotte

Et que tu la mets sous ton oreiller,

C'est la fée des dents qui gigote

Pour venir la ramasser.

Elle se faufile sur ta table de nuit,

Fait attention de ne rien déranger,

Elle fait tout pour ne pas faire de bruit

Elle ne veut surtout pas te réveiller.

Cette fée se nomme Dentine,

C'est elle qui prend ta dent sur son dos,

Elle devient alors ta bonne copine

Quand à ton réveil tu trouves à la place un cadeau.

Jamais tu ne la verras, elle se cache,

Et si par hasard tu te réveilles,

Elle reste immobile sans relâche

Jusqu'à ce que tu retrouves le sommeil.

Quant au matin tu ouvres enfin les yeux,
Que tu trouves alors ta surprise,
Tu te lèves en criant tout joyeux
Merci et à la prochaine dent qui sera mise.

Quand ta seconde dent tu perdras
Elle l'apprendra et viendra la chercher,
Tu te cacheras sous les draps
Pour la voir cette fois arriver.

Mais elle est très maligne
Elle se cache et te surveille,
Elle sait bien que tu es digne
De la voir alors que tu veilles.

Mais elle attend encore cette fois
Que tu t'endormes, tu ne peux pas tenir,
Elle te regardera d'un air narquois
Car tu ne la verras pas venir.

A la troisième dent, tu l'attends encore
Mais cette fois tu ne t'endormiras pas
Elle ne dit rien mais comprend alors
Que c'est la dernière fois qu'elle viendra.

Tu seras heureuse de voir partir
Ta dent qui vient de tomber
Sur le dos de la fée qui ne va pas revenir
Et elle va te l'annoncer.

Tu es triste mais tu comprends
Que maintenant tu es grand
Et que même si tu perds d'autres dents
Tu n'auras plus d'argent.

C'est la vie des grands enfants
Maman t'en a parlé en te prenant dans ses bras
Tu ne verras plus la fée des dents
Pas grave, bientôt il y a Pâques et ses chocolats.

La fée danseuse étoile

La fée danseuse étoile

Dans les greniers de l'opéra

Mettant tutu et ballerines

Se préparaient les petits rats

Qui descendaient avec discipline.

Déjà sur scène, s'échauffait

La jolie fée danseuse étoile,

Les jeunes filles l'admiraient

Comme un peintre devant sa toile.

Des entrechats au grand écart

Elle paraissait si légère

Qu'il n'était jamais rare

Qu'elle passe la première.

Et pendant les ballets

Au lever du rideau,

Devant la salle au grand complet

Elle faisait son solo.

Quand les autres danseurs

Faisaient leur entrée,

Elle s'effaçait sans peur

D'être déjà oubliée.

Et à la fin de ce beau gala

En saluant son public,

La fée eut un sourire béat

En pensant à cet instant magique.

Sous les applaudissements miracles

Elle salua tous ces gens

Qui était venu voir son spectacle

Du plus petit au plus grand.

Dans sa loge, pour leur première,

Elle se sentait si heureuse

Que quand les photographes arrivèrent

Elle posa pour eux mystérieuse.

A la fin de la soirée,

Elle rentrera au dortoir,

Quand elle sera couchée

Elle rêvera de leur gloire.

Le lutin clown
CIRQUE

Le lutin clown

Pas très loin de la piste

A l'entrée des artistes

Se prépare à rentrer sur scène

Comme un toréro dans l'arène

Le lutin clown blanc

Qui fonce droit devant

Rejoindre son ami l'Auguste

En bombant le buste.

En arrivant il trébuche

Se prenant les pieds dans une bûche,

Sous les rires des enfants

Et leurs applaudissements.

Il se retrouve assis par terre

Bien assis sur son derrière.

La tête dans ses mains,

Des jets de larmes coulant sans fin

Faisait semblant de pleurer

Devant les gens apitoyés.

Alors l'Auguste pour l'aider

Lui tend une main amie pour le tirer

Et pour le remercier

Le clown triste le fait tomber.

La foule alors se met à rire,

L'Auguste se relève et sans rien dire,

S'approche du lutin clown qui était penché

Bien en avant pour saluer,

Et en prenant son élan

Refait tomber le clown blanc,

D'un coup de pied aux fesses

Qui met tout le monde en liesse.

Les mains sur son popotin

Le clown triste poursuivant l'autre lutin

sous les rires à l'unisson

Ils font leur disparition.

Ils reviendront plus tard une autre fois,

En étant tout aussi maladroits

Ils les feront rire à nouveau

En faisant un autre numéro.

Les enfants seront remplis de joie

Ils remercieront leurs parents encore une fois.

Ils espèrent bientôt revenir

Ils ont encore envie de rire.

Le lutin horloger

Le lutin horloger

Tic-tac, tic-tac fait la pendule
Quand le lutin horloger
La remonte et qu'il recule
Pour la regarder fonctionner.

Il vient de la réparer,
Remettant en place les engrenages
Qu'il vient de nettoyer
En lui faisant un grand ménage.

Il s'occupe des montres,
Des horloges et des réveils,
De leurs aiguilles qui se remontent
Et qui te tire de ton sommeil.

Il regarde le temps qui passe,
En espérant qu'un jour il s'arrêtera.
Il a peur d'être une vieille carcasse
Le jour où cela arrivera.

D'heure en heure,

De minute en minute,

Il reste dans sa demeure

Pour voir le temps qui chute.

Et quand il le verra s'écouler

Dans le grand sablier du salon

Il saura qu'il est l'heure de se coucher,

Il s'endormira sur son édredon.

Rêvant ainsi de cadrans immenses

Qui lui serviront de tapis volant

Il survolera même la France

Dans ce monde imaginaire si charmant.

Le lendemain arrivera par millier

Des montres de pays divers

Il sera même invité

A remonter le Grand Big Ben d'Angleterre.

Et quand tu regarderas l’heure à ton poignet

N’oublie pas de le remercier en silence,

Pour la montre que tu portes avec un joli bracelet

Pour lui ça sera sa plus belle récompense.

La fée artiste peintre

La fée artiste peintre

Quel beau paysage se dessine devant ses yeux

La fée artiste peintre sort alors ses peintures, ses pinceaux.

Elle va peindre ce monde merveilleux

Qui dans ses doigts fera un magnifique tableau.

Du bleu pour le ciel,

Du vert pour l'herbe,

Voilà quelques couleurs pastel

Qui sur son œuvre seront superbes.

Elle voit des choses que tu ne vois pas,

Qu'elle peint sur ses toiles blanches.

Elle voit des couleurs que tu ne comprends pas,

La mer rose, un ciel violet, un lutin sur la branche.

Quand elle aura fini son dessin

Elle le vernira pour ne pas qu'il s'abime,

Il finira dans un musée américain

Qui lui rapporteront quelques centimes.

D'ailleurs elle ne fait pas ça pour l'argent,
Ce qui compte surtout c'est de faire plaisir,
Elle peint avec son cœur, pour les enfants
Pour qu'ils voient un meilleur avenir.

Quand elle voit toute cette pollution
Sur les villes qu'elle peint,
Elle verse une larme de désolation
Face à ce monde qui s'éteint.

Elle aimerait que grâce à elle
Chacun de nous face de son mieux
Pour que jamais on ne voit le ciel
Devenir trop crasseux.

Alors elle peint encore et encore
Faisant des tableaux par centaines,
C'est pour elle un réconfort
Ça servira un jour, elle en est certaine.

Les enfants du futur

Pourront voir les paysages anciens

Sans trop de salissures

A leur moral ça fera du bien.

L'elfe acteur

L'elfe acteur (Léo Di Articho)

Silence on tourne, attention

Léo di Articho, c'est à vous action !

La caméra suit l'acteur sur un camion

Lorsque d'un coup il fait son apparition.

Il joue un rôle d'espion

Dans un film à sensation.

Ça se passe aux pays des pharaons

Sans risque de malédiction.

Le tournage se fait dans des décors faits maison

Avec des effets spéciaux de champion.

Quand on lui a fait cette proposition

L'elfe acteur a lu le script sans conviction

Mais il sauta sur l'occasion

Après quelques jours de réflexion.

Il avait peur dans cette région

On lui a dit qu'il y avait des interdictions.

Il devait tourner avec un lion

Et ça lui mettait la pression,

Avec toute cette agitation
Il était rempli d'émotion.
Mais le dompteur calma la population
Et il fut le maitre de la situation.
Après les bravos des figurants et leurs acclamations
Le metteur en scène, de son film reprit la direction,
Mais l'elfe acteur avait demandé une protection
Car il avait eu peur de l'animal et ses réactions.
Il demanda alors à Lino de reprendre sa position,
Pour son rôle de composition,
L'elfe avait regardé les rediffusions,
Des documentaires sur Champollion
Et pour les scènes à sensation
Il faisait marcher son imagination.
Le tournage terminé, il salua ses fans avec affection,
Signant quelques autographes en montant dans l'avion.
Et quand le film sortira avec plusieurs traductions
Dans les cinémas du monde entier sans adaptation,
L'elfe acteur sera content de sa prestation
Et se dira « encore un film pour ma collection ».

Aux Oscar il aura une nomination

Mais malheureusement pas de distinction.

Mais c'est un lutin plein d'ambitions

Et tant pis il y aura une autre distribution,

Pour un film sur un galion

Pendant la révolution.

Il jouera avec détermination

Et pendant cette expédition

Un photographe sans hésitation

A la lumière des lampions

Lui fera jouer la séduction

Il deviendra alors le roi de sa profession.

La fée chanteuse

La fée chanteuse

A un concours de jeunes talents
S'inscrit la belle Céleste Sillon
Elle voulait chanter dès à présent
Car telle était sa passion.

Lorsqu'on lui donne son numéro
Elle sent son cœur battre si fort
Elle peut rentrer sur le plateau
Elle connait par cœur ses accords.

Une fois le micro à la main
Elle oublie sa timidité
Elle entame le refrain
Avec une telle facilité.

Le jury tellement ébloui
Par le charme de sa belle voix
Se lève et l'applaudit,
Céleste est remplie de joie.

A la finale du concours

Où elle espère bien gagner

C'est un public suivant son parcours

Qui est venu l'encourager.

Gagnante, méritante

Elle se fait remarquer

Par un producteur et son assistante

Qui lui propose un contrat à signer.

Aimée et adulée dans le monde entier,

Céleste Sillon est enfin une artiste.

C'est vraiment si vite arrivé

Que pour elle s'est surréaliste.

Quand après plusieurs années

On lui demande à son tour d'être jurée,

Elle se dit que c'est la destinée

Car la boucle est bouclée.

Elle n'a pas pris la grosse tête

Car elle sait d'où elle vient

Et quand on sait ce que l'on veut fillette

On arrive toujours à ses fins.

La fée coiffeuse

La fée coiffeuse

Bonjour Madame Dutourneur
Je finis de poser les bigoudis
Sur la tête de Madame Mistigri
Et je m'occupe de votre couleur.

Tenez, mettez ce peignoir
On va passer au bac,
Donnez-moi votre sac
Je vais le mettre dans le tiroir.

La fée coiffeuse, fait son shampoing
Elle en profite pour faire au passage
Au cuir chevelu un petit massage
Pour finir par un soin.

Madame Dutourneur s'endormirait presque
La fée à les mains si douces,
Elle lui enlève toute la mousse
Pendant qu'au plafond elle regarde la fresque.

Repassons donc devant la glace,
Une petite coupe pour finir
Je vais vous faire une jolie coiffure avec plaisir
Asseyez-vous ici, prenez place.

Vous serez splendide pour votre mariage
Un coup de ciseau devant, un autre derrière
Elle coupe, elle coiffe et remet la mèche en arrière
Et termine par un brushing pour le séchage.

Une fois tout mis en place
Elle met un grand jet de laque
Sur les épis récalcitrants qu'elle plaque
Et voilà c'est la grande classe.

Vous êtes magnifique avec cette coiffure
Les cheveux plus courts vous vont si bien
Et pour vous recoiffer vous n'aurez besoin de rien
Vous allez faire des jalouses de votre chevelure.

A bientôt Madame, et félicitation pour votre union
Et contente que cela vous plaise.
La fée coiffeuse aux yeux de braise
Pense à sa cliente, quand à son mariage elle fera son apparition.

Tous les invités se retourneront sur elle
Les femmes lui demanderont qui l'a coiffé,
Elles veulent aussi chez la fée, se faire peigner
Et prendront rendez-vous pour se faire belles.

C'est ainsi qu'à son retour dans son pays enchanté
Elle fut acclamée quand elle alla voir ses parents,
Ils étaient contents de voir autant d'argent
Merci à ses clientes car elle a bien travaillé.

L'elfe photographe

L'elfe photographe

Clic, clic, clic

C'est le bruit de l'appareil photo numérique

Quand l'elfe photographe immortalise

Ce joli papillon qui s'immobilise.

Il a déjà fait des milliers de clichés

En plein jour ou dans la nuit étoilée

Du coquelicot dans les champs

Aux statues et monuments.

Si il voit des mariés sortant d'une église

Ou bien des pingouins sur la banquise

Peu importe sa situation géographique

Il les photographie et c'est magique.

Il joue avec les couleurs des saisons

Avec le temps, les éléments, les floraisons,

Et ses photos prennent alors vie

Devant vos yeux ébahis.

Il sait faire ressentir des émotions cachées
En regardant le portrait d'une personne âgée,
Il vous prouve que le monde est bien dessiné
A travers ses images pas encore imprimées.

Il ne sort jamais sans son appareil
Et à chaque fois il s'émerveille
Quand il prend en rafale les photos
De la naissance d'un petit veau.

Et chaque soir avant de s'endormir
Il visionne ses images à n'en plus finir,
Avec des étoiles plein les yeux
Car même en photo ce monde est merveilleux.

Quand il voudra faire cadeau d'un cliché,
Comme toutes ces photos sont stockées,
Il l'imprimera depuis son ordinateur,
C'est bien mieux que des fleurs.

Dans sa maison sur tous les murs

Pour se souvenir dans le futur,

Il a accroché des centaines de paysages

De tout ce monde, de cette nature sauvage.

Une fée...Ta Maman !

Une fée…ta maman

Quand tu tombes en courant,

Que tes genoux sont écorchés

Que tu arrives en pleurant,

C'est une gentille fée qui va te soigner.

Elle essuie tes joues mouillées

Soigne doucement tes plaies

Et te fais un petit baiser

Pour que tu n'aies plus mal désormais.

Elle te prépare ton goûter

Quand tu rentres de l'école,

Elle vérifie tes cahiers

Et tes dessins sur le bristol.

Elle te félicite pour tes bonnes notes

Et pour te récompenser,

Elle t'offre une papillote

Et te propose d'aller t'amuser.

Elle aime te faire de bons gâteaux

Quand tu invites tes copains,

Elle te fait souvent ce cadeau

Mais telle une poule elle veille au grain.

Elle te donnera tout son amour,

Et avec elle tu ne seras jamais méchant,

Elle sera près de toi pour toujours,

Car cette gentille fée c’est ta MAMAN !

Table des matières

Loi n°49-956 du 16 juillet 1949 sur les publications destinées à la jeunesse, modifiée par la loi n°2011-525 du 17 mai 2011.

Edition : BoD - Books on Demand
12/14 rond-point des Champs Elysées, 75008 Paris
Imprimé par Books on Demand GmbH, Norderstedt, Allemagne
ISBN : 9782322102853
Dépôt légal : janvier 2018

FSC
www.fsc.org
MIXTE
Papier issu
de sources
responsables
Paper from
responsible sources
FSC® C105338